Todos los libros de Linkgua Ediciones cuentan con modelos de Inteligencia Artificial entrenados por hispanistas. Pregúntale al chat de tu libro lo que desees acerca de la obra o su autor/a.

Para ebooks: Accede a nuestro modelo de IA a través de este enlace.

Para libros impresos: Escanea el código QR de la portada con tu dispositivo móvil.

Obtén análisis detallados de nuestros libros, resúmenes, respuestas a tus preguntas y accede a nuestras ediciones críticas generativas para una experiencia de lectura más enriquecedora.
La transparencia y el respeto hacia la autoría de las fuentes utilizadas son distintivos básicos de nuestro proyecto. Por ello, las respuestas ofrecen, mediante un sistema de citas, las fuentes con las que han sido elaboradas.

Federico García Lorca

Romancero gitano

Edición de Jorge Cabezas

Barcelona 2024
Linkgua-ediciones.com

Créditos

Título original: Romancero gitano.

© 2024, Red ediciones S.L.

e-mail: info@linkgua.com

Diseño de la colección: Michel Mallard.

ISBN rústica ilustrada: 978-84-9897-284-9.
ISBN tapa dura: 978-84-1126-682-6.
ISBN ebook: 978-84-9897-508-6.

Sumario

Brevísima presentación

La vida

Federico García Lorca (Fuente Vaqueros, Granada, 5 de junio de 1898-entre Víznar y Alfacar, 18 de agosto de 1936). España.

Poeta, dramaturgo y prosista. Adscrito a la llamada generación del 27, es el poeta de mayor influencia de la literatura española del siglo XX.

Nació en una familia de posición económica desahogada y fue bautizado con el nombre de Federico del Sagrado Corazón de Jesús García Lorca; su padre fue don Federico García Rodríguez, un hacendado, y su madre, doña Vicenta Lorca, maestra de escuela que fomentó el gusto literario a su hijo.

Como estudiante fue algo irregular, abandonó la Facultad de Derecho de Granada para instalarse en la Residencia de Estudiantes de Madrid (1918-1928); y pasado un tiempo regresó a la Universidad de Granada donde se graduó como abogado.

En 1918 publicó su primer libro *Impresiones y paisajes*, costeado por su padre. En 1920 se estrenó su obra de teatro *El maleficio de la mariposa*, y en 1921 se publicó su *Libro de poemas*. En esta época frecuentó a los poetas de su generación: Jorge Guillén, Pedro Salinas, Gerardo Diego, Dámaso Alonso, Rafael Alberti, y sobre todo a Buñuel y Dalí, a quien después le tributó *Oda a Salvador Dalí*. El pintor, por su parte, pintó los decorados de la pieza teatral *Mariana Pineda*.

Hacia 1928 Lorca publicó la revista literaria *Gallo*, de la cual salieron apenas dos números.

En 1929 se marchó a Nueva York. Para entonces se habían publicado, además de los libros ya citados, sus libros *Canciones* (1927) y el *Primer romancero gitano* (1928), su obra poética más célebre.

De su viaje a Nueva York nace el libro *Poeta en Nueva York*. De esta ciudad Lorca viajó en 1930 a La Habana, donde escribió parte de sus obras *Así pasen cinco años* y *El público*, ese año regresó a España donde fue recibido en Madrid con la noticia de que su farsa *La zapatera prodigiosa* estaba en escena.

En 1931 se instaura la Segunda República española y esta nombró a Fernando de los Ríos como Ministro de Instrucción Pública, quien fue el principal mecenas de Lorca durante los primeros años del poeta en España. García Lorca fue nombrado codirector de la compañía estatal de teatro La barraca donde produjo, dirigió, escribió, y adaptó varias obras teatrales. Escribió en este período *Bodas de Sangre*, *Yerma* y *Doña Rosita la soltera*.

En 1933 viajó a Argentina y su puesta en escena de *La dama boba* de Lope de Vega atrajo a más de sesenta mil personas. Entre este año y 1936 escribió *Diván de Tamarit*, *Llanto por Ignacio Sánchez Mejías*, *La casa de Bernarda Alba* y trabajó en *La destrucción de Sodoma*.

Tras el estallido de la Guerra Civil española, Lorca rehusó el exilio ofrecido por Colombia y México, cuyos embajadores previeron que el poeta pudiera ser víctima de un atentado.

Tras una denuncia anónima, el 16 de agosto de 1936 fue detenido en la casa de su amigo, el también poeta Luis Rosales, quien obtuvo la promesa de que sería puesto en libertad «si no existía denuncia en su contra». La orden de ejecución fue dada por el gobernador civil de Granada, José

Valdés Guzmán. Valdés contaba con el visto bueno del general Queipo de Llano, a quien se consultó sobre qué hacer con Lorca. Parece que fue fusilado la madrugada del día 18 de agosto de 1936.

En estos poemas, García Lorca universaliza la esencia del pueblo gitano a partir de los arquetipos de su sentir y de sus eternos lamentos, incluido el tópico de su persecución por los sempiternos guardias civiles. Se trata de poemas casi teatrales o narrativos a veces, con versos cortos de poderosa imaginería poética que transmiten en ocasiones una sensación de inquietante misterio y, en general, un sentido oscuramente trágico de la existencia, tanto en el sentido del individuo como en el colectivo, es decir, el de un pueblo oprimido, aquí simbolizado en los gitanos.

A este libro pertenece su famoso poema «La casada infiel», que se abre así:

«Y que yo me la llevé al río / creyendo que era mozuela, / pero tenía marido».

Romancero Gitano

1924-1927

Romance de la Luna, Luna

A Conchita García Lorca

La Luna vino a la fragua
con su polisón de nardos.
El niño la mira, mira.
El niño la está mirando.
En el aire conmovido   5
mueve la Luna sus brazos
y enseña, lúbrica y pura,
sus senos de duro estaño.
—Huye Luna, Luna, Luna.
Si vinieran los gitanos,   10
harían con tu corazón
collares y anillos blancos.
—Niño, déjame que baile.
Cuando vengan los gitanos,
te encontrarán sobre el yunque   15
con los ojillos cerrados.
—Huye Luna, Luna, Luna,
que ya siento sus caballos.
—Niño, déjame, no pises
mi blancor almidonado.   20

El jinete se acercaba
tocando el tambor del llano.
Dentro de la fragua el niño,
tiene los ojos cerrados.

Por el olivar venían,   25

bronce y sueño, los gitanos.
Las cabezas levantadas
y los ojos entornados.
Cómo canta la zumaya,
¡ay, cómo canta en el árbol!   30
Por el cielo va la Luna
con un niño de la mano.

Dentro de la fragua lloran,
dando gritos, los gitanos.
El aire la vela, vela.   35
El aire la está velando.

Preciosa y el aire

A Dámaso Alonso

Su Luna de pergamino
Preciosa tocando viene,
por un anfibio sendero
de cristales y laureles.
El silencio sin estrellas,   5
huyendo del sonsonete,
cae donde el mar bate y canta
su noche llena de peces.
En los picos de la sierra
los carabineros duermen   10
guardando las blancas torres
donde viven los ingleses.
Y los gitanos del agua
levantan por distraerse,
glorietas de caracolas   15
y ramas de pino verde.

* * *

Su Luna de pergamino
Preciosa tocando viene.
Al verla se ha levantado
el viento que nunca duerme.   20
San Cristobalón desnudo,
lleno de lenguas celestes,
mira la niña tocando
una dulce gaita ausente.

—Niña, deja que levante   25
tu vestido para verte.
Abre en mis dedos antiguos
la rosa azul de tu vientre.

* * *

Preciosa tira el pandero   30
y corre sin detenerse.
El viento-hombrón la persigue
con una espada caliente.

Frunce su rumor el mar.
Los olivos palidecen.
Cantan las flautas de umbría   35
y el liso gong de la nieve.

¡Preciosa, corre, Preciosa,
que te coge el viento verde!
¡Preciosa, corre, Preciosa!
¡Míralo por dónde viene!   40
Sátiro de estrellas bajas
con sus lenguas relucientes.

* * *

Preciosa, llena de miedo,
entra en la casa que tiene,
más arriba de los pinos,   45
el cónsul de los ingleses.

Asustados por los gritos
tres carabineros vienen,
sus negras capas ceñidas

y los gorros en las sienes.   50

El inglés da a la gitana
un vaso de tibia leche,
y una copa de ginebra
que Preciosa no se bebe.

Y mientras cuenta, llorando,   55
su aventura a aquella gente,
en las tejas de pizarra
el viento, furioso, muerde.

Reyerta

A Rafael Méndez

En la mitad del barranco
las navajas de Albacete,
bellas de sangre contraria,
relucen como los peces.
Una dura luz de naipe   5
recorta en el agrio verde
caballos enfurecidos
y perfiles de jinetes.
En la copa de un olivo
lloran dos viejas mujeres.   10
El toro de la reyerta
se sube por la paredes.
Ángeles negros traían
pañuelos y agua de nieve.
Ángeles con grandes alas   15
de navajas de Albacete.
Juan Antonio el de Montilla
rueda muerto la pendiente
su cuerpo lleno de lirios
y una granada en las sienes.   20
Ahora monta cruz de fuego,
carretera de la muerte.

* * *

El juez con guardia civil,
por los olivares viene.
Sangre resbalada gime   25

muda canción de serpiente.
—Señores guardias civiles:
aquí pasó lo de siempre.
Han muerto cuatro romanos
y cinco cartagineses.   30

La tarde loca de higueras
y de rumores calientes
cae desmayada en los muslos
heridos de los jinetes.
Y ángeles negros volaban   35
por el aire del poniente.
Ángeles de largas trenzas
y corazones de aceite.

Romance sonámbulo

A Gloria Giner y Fernando de los Ríos

Verde que te quiero verde.
Verde viento. Verdes ramas.
El barco sobre la mar
y el caballo en la montaña.
Con la sombra en la cintura   5
ella sueña en su baranda
verde carne, pelo verde,
con ojos de fría plata.
Verde que te quiero verde.   10
Bajo la Luna gitana,
las cosas la están mirando
y ella no puede mirarlas.

* * *

Verde que te quiero verde.
Grandes estrellas de escarcha,   15
vienen con el pez de sombra
que abre el camino del alba.
La higuera frota su viento
con la lija de sus ramas,
y el monte, gato garduño,   20
eriza sus pitas agrias.
¿Pero quién vendrá? ¿Y por dónde...?
Ella sigue en su baranda,
verde carne, pelo verde,
soñando en la mar amarga.   25
—Compadre, quiero cambiar

mi caballo por su casa,
mi montura por su espejo,
mi cuchillo por su manta.
Compadre, vengo sangrando   30
desde los puertos de Cabra.
—Si yo pudiera, mocito,
este trato se cerraba.
Pero yo ya no soy yo,
ni mi casa es ya mi casa.   35
—Compadre, quiero morir
decentemente en mi cama.
De acero, si puede ser,
con las sábanas de holanda.
¿No ves la herida que tengo   40
desde el pecho a la garganta?
—Trescientas rosas morenas
lleva tu pechera blanca.
Tu sangre rezuma y huele
alrededor de tu faja.   45
Pero yo ya no soy yo.
Ni mi casa es ya mi casa.
—Dejadme subir al menos
hasta las altas barandas,
¡dejadme subir!, dejadme   50
hasta las altas barandas.
Barandales de la Luna
por donde retumba el agua.

* * *

Ya suben los dos compadres
hacia las altas barandas.   55
Dejando un rastro de sangre.

Dejando un rastro de lágrimas.
Temblaban en los tejados
farolillos de hojalata.
Mil panderos de cristal,   60
herían la madrugada.

* * *

Verde que te quiero verde,
verde viento, verdes ramas.
Los dos compadres subieron.
El largo viento dejaba   65
en la boca un raro gusto
de hiel, de menta y de albahaca.
¡Compadre! ¿Dónde está, dime?
¿Dónde está tu niña amarga?
—¡Cuántas veces te esperó!   70
—¡Cuántas veces te esperara,
cara fresca, negro pelo,
en esta verde baranda!

* * *

Sobre el rostro del aljibe,
se mecía la gitana.   75
Verde carne, pelo verde,
con ojos de fría plata.
Un carámbano de Luna
la sostiene sobre el agua.
La noche se puso íntima   80
como una pequeña plaza.
Guardias civiles borrachos
en la puerta golpeaban.
Verde que te quiero verde.

Verde viento.
Verdes ramas.
El barco sobre la mar.
Y el caballo en la montaña.

La monja gitana

A José Moreno Villa

Silencio de cal y mirto.
Malvas en las hierbas finas.
La monja borda alhelíes
sobre una tela pajiza.
Vuelan en la araña gris   5
siete pájaros del prisma.
La iglesia gruñe a lo lejos
como un oso panza arriba.
¡Qué bien borda! ¡Con qué gracia!
Sobre la tela pajiza   10
ella quisiera bordar
flores de su fantasía.
¡Qué girasol! ¡Qué magnolia
de lentejuelas y cintas!
¡Qué azafranes y qué lunas,   15
en el mantel de la misa!
Cinco toronjas se endulzan
en la cercana cocina.
Las cinco llagas de Cristo
cortadas en Almería.   20
Por los ojos de la monja
galopan dos caballistas.
Un rumor último y sordo
le despega la camisa,
y al mirar nubes y montes   25
en las yertas lejanías,
se quiebra su corazón

de azúcar y yerbaluisa.
¡Oh, qué llanura empinada
con veinte soles arriba!   30
¡Qué ríos puestos de pie
vislumbra su fantasía!
Pero sigue con sus flores,
mientras que de pie, en la brisa,
la luz juega el ajedrez   35
alto de la celosía.

La casada infiel

A Lydia Cabrera y a su negrita

Y que yo me la llevé al río
creyendo que era mozuela,
pero tenía marido.
Fue la noche de Santiago
y casi por compromiso.   5
Se apagaron los faroles
y se encendieron los grillos.
En las últimas esquinas
toqué sus pechos dormidos,
y se me abrieron de pronto   10
como ramos de jacintos.
El almidón de su enagua
me sonaba en el oído,
como una pieza de seda
rasgada por diez cuchillos.   15
Sin luz de plata en sus copas
los árboles han crecido
y un horizonte de perros
ladra muy lejos del río.

* * *

Pasadas las zarzamoras,   20
los juncos y los espinos,
bajo su mata de pelo
hice un hoyo sobre el limo.
Yo me quité la corbata.
Ella se quitó el vestido.   25

Yo el cinturón con revólver.
Ella sus cuatro corpiños.
Ni nardos ni caracolas
tienen el cutis tan fino,
ni los cristales con Luna   30
relumbran con ese brillo.
Sus muslos se me escapaban
como peces sorprendidos,
la mitad llenos de lumbre,
la mitad llenos de frío.   35
Aquella noche corrí
el mejor de los caminos,
montado en potra de nácar
sin bridas y sin estribos.
No quiero decir, por hombre,   40
las cosas que ella me dijo.
La luz del entendimiento
me hace ser muy comedido.
Sucia de besos y arena
yo me la llevé del río.   45
Con el aire se batían
las espadas de los lirios.

Me porté como quién soy.
Como un gitano legítimo.
La regalé un costurero   50
grande, de raso pajizo,
y no quise enamorarme
porque teniendo marido
me dijo que era mozuela
cuando la llevaba al río.   55

Romance de la pena negra

A José Navarro Pardo

Las piquetas de los gallos
cavan buscando la aurora,
cuando por el monte oscuro
baja Soledad Montoya.
Cobre amarillo, su carne,   5
huele a caballo y a sombra.
Yunques ahumados sus pechos,
gimen canciones redondas.
—Soledad: ¿por quién preguntas
sin compaña y a estas horas?   10
—Pregunte por quien pregunte,
dime: ¿a ti qué se te importa?
Vengo a buscar lo que busco,
mi alegría y mi persona.
Soledad de mis pesares,   15
caballo que se desboca,
al fin encuentra la mar
y se lo tragan las olas.
—No me recuerdes el mar,
que la pena negra, brota   20
en las tierras de aceituna
bajo el rumor de las hojas.
—¡Soledad, qué pena tienes!
¡Qué pena tan lastimosa!
Lloras zumo de limón   25
agrio de espera y de boca.
—¡Qué pena tan grande! Corro

mi casa como una loca,
mis dos trenzas por el suelo,
de la cocina a la alcoba.   30
¡Qué pena! Me estoy poniendo
de azabache carne y ropa.
¡Ay, mis camisas de hilo!
¡Ay, mis muslos de amapola!
—Soledad: lava tu cuerpo   35
con agua de las alondras,
y deja tu corazón
en paz, Soledad Montoya.

* * *

Por abajo canta el río:
volantes de cielo y hojas.   40
Con flores de calabaza,
la nueva luz se corona.
¡Oh pena de los gitanos!
Pena limpia y siempre sola.
¡Oh pena de cauce oculto   45
y madrugada remota!

San Miguel (Granada)

A Diego Buhigas de Dalmáu

Se ven desde las barandas,
por el monte, monte, monte,
mulos y sombras de mulos
cargados de girasoles.

Sus ojos en las umbrías   5
se empañan de inmensa noche.
En los recodos del aire,
cruje la aurora salobre.

Un cielo de mulos blancos
cierra sus ojos de azogue   10
dando a la quieta penumbra
un final de corazones.
Y el agua se pone fría
para que nadie la toque.
Agua loca y descubierta   15
por el monte, monte, monte.

* * *

San Miguel lleno de encajes
en la alcoba de su torre,
enseña sus bellos muslos,
ceñidos por los faroles.   20

Arcángel domesticado
en el gesto de las doce,

finge una cólera dulce
de plumas y ruiseñores.
San Miguel canta en los vidrios;   25
Efebo de tres mil noches,
fragante de agua colonia
y lejano de las flores.

El mar baila por la playa,
un poema de balcones.   30
Las orillas de la Luna
pierden juncos, ganan voces.
Vienen manolas comiendo
semillas de girasoles,
los culos grandes y ocultos   35
como planetas de cobre.
Vienen altos caballeros
y damas de triste porte,
morenas por la nostalgia
de un ayer de ruiseñores.   40
Y el obispo de Manila,
ciego de azafrán y pobre,
dice misa con dos filos
para mujeres y hombres.

* * *

San Miguel se estaba quieto   45
en la alcoba de su torre,
con las enaguas cuajadas
de espejitos y entredoses.

San Miguel, rey de los globos
y de los números nones,   50

en el primor berberisco
de gritos y miradores.

San Rafael (Córdoba)

A Juan Izquierdo Croselles.

I
Coches cerrados llegaban
a las orillas de juncos
donde las ondas alisan
romano torso desnudo.
Coches, que el Guadalquivir   5
tiende en su cristal maduro,
entre láminas de flores
y resonancias de nublos.
Los niños tejen y cantan
el desengaño del mundo,   10
cerca de los viejos coches
perdidos en el nocturno.
Pero Córdoba no tiembla
bajo el misterio confuso,
pues si la sombra levanta   15
la arquitectura del humo,
un pie de mármol afirma
su casto fulgor enjuto.
Pétalos de lata débil
recaman los grises puros   20
de la brisa, desplegada
sobre los arcos de triunfo.
Y mientras el puente sopla
diez rumores de Neptuno,
vendedores de tabaco   25
huyen por el roto muro.

II

Un solo pez en el agua
que a las dos Córdobas junta:
Blanda Córdoba de juncos.
Córdoba de arquitectura.   30
Niños de cara impasible
en la orilla se desnudan,
aprendices de Tobías
y Merlines de cintura,
para fastidiar al pez   35
en irónica pregunta
si quiere flores de vino
o saltos de media Luna.

Pero el pez, que dora el agua
y los mármoles enluta,   40
les da lección y equilibrio
de solitaria columna.
El Arcángel aljamiado
de lentejuelas oscuras,
en el mitin de las ondas   45
buscaba rumor y cuna.

* * *

Un solo pez en el agua.
Dos Córdobas de hermosura.
Córdoba quebrada en chorros.
Celeste Córdoba enjuta.   50

San Gabriel (Sevilla)

A don Agustín Viñuales

I
Un bello niño de junco,
anchos hombros, fino talle,
piel de nocturna manzana,
boca triste y ojos grandes,
nervio de plata caliente,   5
ronda la desierta calle.
Sus zapatos de charol
rompen las dalias del aire,
con los dos ritmos que cantan
breves lutos celestiales.   10

En la ribera del mar
no hay palma que se le iguale,
ni emperador coronado,
ni lucero caminante.
Cuando la cabeza inclina   15
sobre su pecho de jaspe,
la noche busca llanuras
porque quiere arrodillarse.
Las guitarras suenan solas
para San Gabriel Arcángel,   20
domador de palomillas
y enemigo de los sauces.
San Gabriel: El niño llora
en el vientre de su madre.
No olvides que los gitanos   25

te regalaron el traje.

II
Anunciación de los Reyes,
bien lunada y mal vestida,
abre la puerta al lucero
que por la calle venía.   30
El Arcángel San Gabriel,
entre azucena y sonrisa,
biznieto de la Giralda,
se acercaba de visita.
En su chaleco bordado   35
grillos ocultos palpitan.
Las estrellas de la noche
se volvieron campanillas.
—San Gabriel: Aquí me tienes
con tres clavos de alegría.   40
Tu fulgor abre jazmines
sobre mi cara encendida.
—Dios te salve, Anunciación.
Morena de maravilla.
Tendrás un niño más bello   45
que los tallos de la brisa.
—¡Ay, San Gabriel de mis ojos!
¡Gabrielillo de mi vida!,
Para sentarte yo sueño
un sillón de clavelinas.   50
—Dios te salve, Anunciación,
bien lunada y mal vestida.
Tu niño tendrá en el pecho
un lunar y tres heridas.
—¡Ay, San Gabriel que reluces!   55

¡Gabrielillo de mi vidal!
En el fondo de mis pechos
ya nace la leche tibia.
—Dios te salve, Anunciación.
Madre de cien dinastías.   60
Áridos lucen tus ojos,
paisajes de caballista.

* * *

El niño canta en el seno
de Anunciación sorprendida.
Tres balas de almendra verde   65
tiemblan en su vocecita.

Ya San Gabriel en el aire
por una escala subía.
Las estrellas de la noche
se volvieron siemprevivas.   70

Prendimiento de Antoñito el Camborio
en el camino de Sevilla

A Margarita Xirgu

Antonio Torres Heredia,
hijo y nieto de Camborios,
con una vara de mimbre
va a Sevilla a ver los toros.
Moreno de verde Luna   5
anda despacio y garboso.
Sus empavonados bucles
le brillan entre los ojos.
A la mitad del camino
cortó limones redondos,   10
y los fue tirando al agua
hasta que la puso de oro.
Y a la mitad del camino,
bajo las ramas de un olmo,
guardia civil caminera   15
lo llevó codo con codo.

* * *

El día se va despacio,
la tarde colgada a un hombro,
dando una larga torera
sobre el mar y los arroyos.   20
Las aceitunas aguardan
la noche de Capricornio,
y una corta brisa, ecuestre,
salta los montes de plomo.

Antonio Torres Heredia,   25
hijo y nieto de Camborios,
viene sin vara de mimbre
entre los cinco tricornios.

—Antonio, ¿quién eres tú?
Si te llamaras Camborio,   30
hubieras hecho una fuente
de sangre con cinco chorros.
Ni tú eres hijo de nadie,
ni legítimo Camborio.
¡Se acabaron los gitanos   35
que iban por el monte solos!
Están los viejos cuchillos
tiritando bajo el polvo.

A las nueve de la noche
lo llevan al calabozo,   40
mientras los guardias civiles
beben limonada todos.
Y a las nueve de la noche
le cierran el calabozo,
mientras el cielo reluce   45
como la grupa de un potro.

Muerte de Antoñito el Camborio

A José Antonio Rubio Sacristán

Voces de muerte sonaron
cerca del Guadalquivir.
Voces antiguas que cercan
voz de clavel varonil.
Les clavó sobre las botas   5
mordiscos de jabalí.
En la lucha daba saltos
jabonados de delfín.
Bañó con sangre enemiga
su corbata carmesí,   10
pero eran cuatro puñales
y tuvo que sucumbir.
Cuando las estrella clavan
rejones al agua gris,
cuando los erales sueñan   15
verónicas de alhelí,
voces de muerte sonaron
cerca del Guadalquivir.

* * *

—Antonio Torres Heredia,
Camborio de dura crin,   20
moreno de verde Luna,
voz de clavel varonil;
¿Quién te ha quitado la vida
cerca del Guadalquivir?
—Mis cuatro primos Heredias   25

hijos de Benamejí.
Lo que en otros no envidiaban,
ya lo envidiaban en mí.
Zapatos color corinto,
medallones de marfil,   30
y este cutis amasado
con aceituna y jazmín.
—¡Ay, Antoñito el Camborio,
digno de una Emperatriz!
Acuérdate de la Virgen   35
porque te vas a morir.
—¡Ay Federico García,
llama a la guardia civil!
Ya mi talle se ha quebrado
como caña de maíz.   40

Tres golpes de sangre tuvo
y se murió de perfil.
Viva moneda que nunca
se volverá a repetir.
Un ángel marchoso pone   45
su cabeza en un cojín.
Otros de rubor cansado
encendieron un candil.
Y cuando los cuatro primos
llegan a Benamejí,   50
voces de muerte cesaron
cerca del Guadalquivir.

Muerto de amor

A Margarita Manso

¿Qué es aquello que reluce
por los altos corredores?
—Cierra la puerta, hijo mío;
acaban de dar las once.
—En mis ojos, sin querer,   5
relumbraban cuatro faroles.
—Será que la gente aquella
estará fraguando el cobre.

* * *

Ajo de agónica plata
la Luna menguante, pone   10
cabelleras amarillas
a las amarillas torres.
La noche llama temblando
al cristal de los balcones,
perseguida por los mil   15
perros que no la conocen,
y un olor de vino y ámbar
viene de los corredores.

* * *

Brisas de caña mojada
y rumor de viejas voces   20
resonaban por el arco
roto de la medianoche.
Bueyes y rosas dormían.

Solo por los corredores
las cuatro luces clamaban   25
con el furor de San Jorge.

Tristes mujeres del valle
bajaban su sangre de hombre,
tranquila de flor cortada
y amarga de muslo joven.   30
Viejas mujeres del río
lloraban al pie del monte
un minuto intransitable
de cabelleras y nombres.
Fachadas de cal ponían   35
cuadrada y blanca la noche.
Serafines y gitanos
tocaban acordeones.
—Madre, cuando yo me muera,
que se enteren los señores.   40
Pon telegramas azules
que vayan del Sur al Norte.
Siete gritos, siete sangres,
siete adormideras dobles
quebraron opacas lunas   45
en los oscuros salones.
Lleno de manos cortadas
y coronitas de flores,
el mar de los juramentos
resonaba no sé dónde.   50
Y el cielo daba portazos
al brusco rumor del bosque,
mientras clamaban las luces
en los altos corredores.

Romance del emplazado

Para Emilio Aladrén

¡Mi soledad sin descanso!
Ojos chicos de mi cuerpo
y grandes de mi caballo,
no se cierran por la noche
ni miran al otro lado   5
donde se aleja tranquilo
un sueño de trece barcos.
Sino que, limpios y duros
escuderos desvelados,
mis ojos miran un norte   10
de metales y peñascos,
donde mi cuerpo sin venas
consulta naipes helados.

* * *

Los densos bueyes del agua
embisten a los muchachos   15
que se bañan en las lunas
de sus cuernos ondulados.
Y los martillos cantaban
sobre los yunques sonámbulos,
el insomnio del jinete   20
y el insomnio del caballo.

* * *

El veinticinco de junio
le dijeron a el Amargo:

—Ya puedes cortar si gustas
las adelfas de tu patio.   25
Pinta una cruz en la puerta
y pon tu nombre debajo,
porque cicutas y ortigas
nacerán en tu costado,
y agujas de cal mojada   30
te morderán los zapatos.
Será de noche, en lo oscuro,
por los montes imantados,
donde los bueyes del agua
beben los juncos soñando.   35
Pide luces y campanas.
Aprende a cruzar las manos,
y gusta los aires fríos
de metales y peñascos.
Porque dentro de dos meses   40
yacerás amortajado.

* * *

Espadón de nebulosa
mueve en el aire Santiago.
Grave silencio, de espalda,
manaba el cielo combado.   45

* * *

El veinticinco de junio
abrió sus ojos Amargo,
y el veinticinco de agosto
se tendió para cerrarlos.
Hombres bajaban la calle   50
para ver al emplazado,

que fijaba sobre el muro
su soledad con descanso.
Y la sábana impecable,
de duro acento romano,   55
daba equilibrio a la muerte
con las rectas de sus paños.

Romance de la Guardia Civil española

A Juan Guerrero, cónsul general de la
  poesía

Los caballos negros son.
Las herraduras son negras.
Sobre las capas relucen
manchas de tinta y de cera.
Tienen, por eso no lloran,   5
de plomo las calaveras.
Con el alma de charol
vienen por la carretera.
Jorobados y nocturnos,
por donde animan ordenan   10
silencios de goma oscura
y miedos de fina arena.
Pasan, si quieren pasar,
y ocultan en la cabeza
una vaga astronomía   15
de pistolas inconcretas.

* * *

¡Oh ciudad de los gitanos!
En las esquinas, banderas.
La Luna y la calabaza
con las guindas se conserva.   20
¡Oh ciudad de los gitanos!
Ciudad de dolor y almizcle,
con las torres de canela.
Cuando llegaba la noche,   25

noche que noche nochera,
los gitanos en sus fraguas
forjaban soles y flechas.
Un caballo malherido
llamaba a todas las puertas.   30
Gallos de vidrio cantaban
por Jerez de la Frontera.
El viento, vuelve desnudo
la esquina de la sorpresa,
en la noche platinoche,   35
noche, que noche nochera.

* * *

La Virgen y San José
perdieron sus castañuelas,
y buscan a los gitanos
para ver si las encuentran.   40
La Virgen viene vestida
con un traje de alcaldesa,
de papel de chocolate
con los collares de almendras.
San José mueve los brazos   45
bajo una capa de seda.
Detrás va Pedro Domecq
con tres sultanes de Persia.
La media Luna soñaba
un éxtasis de cigüeña.   50
Estandartes y faroles
invaden las azoteas.
Por los espejos sollozan
bailarinas sin caderas.
Agua y sombra, sombra y agua   55

por Jerez de la Frontera.

* * *

¡Oh ciudad de los gitanos!
En las esquinas, banderas.
Apaga tus verdes luces
que viene la benemérita   60
¡Oh ciudad de los gitanos!
¿Quién te vio y no te recuerda?
Dejadla lejos del mar,
sin peines para sus crenchas.

* * *

Avanzan de dos en fondo   65
a la ciudad de la fiesta.
Un rumor de siemprevivas
invade las cartucheras.
Avanzan de dos en fondo.
Doble nocturno de tela.   70
El cielo se les antoja
una vitrina de espuelas.

* * *

La ciudad, libre de miedo,
multiplicaba sus puertas.
Cuarenta guardias civiles   75
entraron a saco por ellas.
Los relojes se pararon,
y el coñac de las botellas
se disfrazó de noviembre
para no infundir sospechas.   80
Un vuelo de gritos largos

se levantó en las veletas.
Los sables cortan las brisas
que los cascos atropellan.
Por las calles de penumbra   85
huyen las gitanas viejas
con los caballos dormidos
y las orzas de moneda.
Por las calles empinadas
suben las capas siniestras,   90
dejando detrás fugaces
remolinos de tijeras.

* * *

En el portal de Belén
los gitanos se congregan.
San José, lleno de heridas,   95
amortaja a una doncella.
Tercos fusiles agudos
por toda la noche suenan.
La Virgen cura a los niños
con salivilla de estrella.   100
Pero la guardia civil
avanza sembrando hogueras,
donde joven y desnuda
la imaginación se quema.
Rosa la de los Camborios   105
gime sentada en su puerta
con sus dos pechos cortados
puestos en una bandeja.
Y otras muchachas corrían
perseguidas por sus trenzas;   110
en un aire donde estallan

rosas de pólvora negra.
Cuando todos los tejados
eran surcos en la tierra,
el alba meció sus hombros   115
en largo perfil de piedra.

* * *

¡Oh ciudad de los gitanos!
La guardia civil se aleja
por un túnel de silencio
mientras las llamas te cercan.   120

* * *

¡Oh ciudad de los gitanos!
¿Quién te vio y no te recuerda?
Que te busquen en mi frente.
Juego de Luna y arena.

Tres romances históricos

I. Panorama de Mérida

A Rafael Martínez Nadal

Por la calle brinca y corre
caballo de larga cola,
mientras juegan o dormitan
viejos soldados de Roma.
Medio monte de Minervas   5
abre sus brazos sin hojas.
Agua en vilo redoraba
las aristas de las rocas.
Noche de torsos yacentes
y estrellas de nariz rota   10
aguarda grietas del alba
para derrumbarse toda.
De cuando en cuando sonaban
blasfemias de cresta roja.
Al gemir, la santa niña   15
quiebra el cristal de las copas.
La rueda afila cuchillos
y garfios de aguda comba:
Brama el toro de los yunques,
y Mérida se corona   20
de nardos casi despiertos
y tallos de zarzamora.

II. El martirio

Flora desnuda se sube
por escalerillas de agua.
El Cónsul pide bandeja   25
para los senos de Olalla.
Un chorro de venas verdes
le brota de la garganta.
Su sexo tiembla enredado
como un pájaro en las zarzas.   30
Por el suelo, ya sin norma,
brincan sus manos cortadas
que aún pueden cruzarse en tenue
oración decapitada.
Por los rojos agujeros   35
donde sus pechos estaban
se ven cielos diminutos
y arroyos de leche blanca.
Mil arbolillos de sangre
le cubren toda la espalda   40
y oponen húmedos troncos
al bisturí de las llamas.
Centuriones amarillos
de carne gris, desvelada,
llegan al cielo sonando   45
sus armaduras de plata.
Y mientras vibra confusa
pasión de crines y espadas,
el Cónsul porta en bandeja
senos ahumados de Olalla.   50

III. Infierno y gloria

Nieve ondulada reposa.
Olalla pende del árbol.
Su desnudo de carbón
tizna los aires helados.
Noche tirante reluce.   55
Olalla muerta en el árbol.
Tinteros de las ciudades
vuelcan la tinta despacio.
Negros maniquíes de sastre
cubren la nieve del campo   60
en largas filas que gimen
su silencio mutilado.
Nieve partida comienza.
Olalla blanca en el árbol.
Escuadras de níquel juntan   65
los picos en su costado.

* * *

Una Custodia reluce
sobre los cielos quemados
entre gargantas de arroyo
y ruiseñores en ramos.   70
¡Saltan vidrios de colores!
Olalla blanca en lo blanco.
Ángeles y serafines
dicen: Santo, Santo, Santo.

Burla de Don Pedro a caballo

(Romance con lagunas)
A Jean Cassou.

Por una vereda
venía Don Pedro.
¡Ay cómo lloraba
el caballero!
Montado en un ágil   5
caballo sin freno,
venía en la busca
del pan y del beso.
Todas las ventanas
preguntan al viento,   10
por el llanto oscuro
del caballero.

PRIMERA LAGUNA

Bajo el agua
siguen las palabras.
Sobre el agua   15
una Luna redonda
se baña,
dando envidia a la otra
¡tan alta!
En la orilla,   20
un niño,
ve las lunas y dice:
¡Noche; toca los platillos!

SIGUE

A una ciudad lejana
ha llegado Don Pedro.   25
Una ciudad de oro
entre un bosque de cedros.
¿Es Belén? Por el aire
yerbaluisa y romero.
Brillan las azoteas   30
y las nubes. Don Pedro
pasa por arcos rotos.
Dos mujeres y un viejo
con velones de plata
le salen al encuentro.   35
Los chopos dicen: No.
Y el ruiseñor: Veremos.

SEGUNDA LAGUNA

Bajo el agua
siguen las palabras.
Sobre el peinado del agua   40
un círculo de pájaros y llamas.
Y por los cañaverales,
testigos que conocen lo que falta.
Sueño concreto y sin norte
de madera de guitarra.   45

SIGUE

Por el camino llano
dos mujeres y un viejo

con velones de plata
van al cementerio.
Entre los azafranes   50
han encontrado muerto
el sombrío caballo
de Don Pedro.
Voz secreta de tarde
balaba por el cielo.   55
Unicornio de ausencia
rompe en cristal su cuerno.
La gran ciudad lejana
está ardiendo
y un hombre va llorando   60
tierras adentro.
Al Norte hay una estrella.
Al Sur un marinero.

ÚLTIMA LAGUNA

Bajo el agua   65
están las palabras.
Limo de voces perdidas.
Sobre la flor enfriada,
está Don Pedro olvidado,
¡ay!, jugando con las ranas.   70

Thamar y Amnón

Para Alfonso García-Valdecasas.

La Luna gira en el cielo
sobre las tierras sin agua
mientras el verano siembra
rumores de tigre y llama.
Por encima de los techos   5
nervios de metal sonaban.
Aire rizado venía
con los balidos de lana.
La sierra se ofrece llena
de heridas cicatrizadas,   10
o estremecida de agudos
cauterios de luces blancas.

* * *

Thamar estaba soñando
pájaros en su garganta
al son de panderos fríos   15
y cítaras enlunadas.
Su desnudo en el alero,
agudo norte de palma,
pide copos a su vientre
y granizo a sus espaldas.   20
Thamar estaba cantando
desnuda por la terraza.
Alrededor de sus pies,
cinco palomas heladas.
Amnón, delgado y concreto,   25

en la torre la miraba,
llenas las ingles de espuma
y oscilaciones la barba.
Su desnudo iluminado
se tendía en la terraza,   30
con un rumor entre dientes
de flecha recién clavada.
Amnón estaba mirando
la Luna redonda y baja,
y vio en la Luna los pechos   35
durísimos de su hermana.

* * *

Amnón a las tres y media
se tendió sobre la cama.
Toda la alcoba sufría
con sus ojos llenos de alas.   40
La luz, maciza, sepulta
pueblos en la arena parda,
o descubre transitorio
coral de rosas y dalias.
Linfa de pozo oprimida   45
brota silencio en las jarras.
En el musgo de los troncos
la cobra tendida canta.
Amnón gime por la tela
fresquísima de la cama.   50
Yedra del escalofrío
cubre su carne quemada.
Thamar entró silenciosa
en la alcoba silenciada,
color de vena y Danubio,   55

turbia de huellas lejanas.
—Thamar, bórrame los ojos
con tu fija madrugada.
Mis hilos de sangre tejen
volantes sobre tu falda.   60
—Déjame tranquila, hermano.
Son tus besos en mi espalda
avispas y vientecillos
en doble enjambre de flautas.
—Thamar, en tus pechos altos   65
hay dos peces que me llaman,
y en las yemas de tus dedos
rumor de rosa encerrada.

Los cien caballos del rey
en el patio relinchaban.   70
Sol en cubos resistía
la delgadez de la parra.
Ya la coge del cabello,
ya la camisa le rasga.
Corales tibios dibujan   75
arroyos en rubio mapa.

* * *

¡Oh, qué gritos se sentían
por encima de las casas!
Qué espesura de puñales
y túnicas desgarradas.   80
Por las escaleras tristes
esclavos suben y bajan.
Émbolos y muslos juegan
bajo las nubes paradas.

Alrededor de Thamar   85
gritan vírgenes gitanas
y otras recogen las gotas
de su flor martirizada.
Paños blancos enrojecen
en las alcobas cerradas.   90
Rumores de tibia aurora
pámpanos y peces cambian.

* * *

Violador enfurecido,
Amnón huye con su jaca.
Negros le dirigen flechas   95
en los muros y atalayas.
Y cuando los cuatro cascos
eran cuatro resonancias,
David con unas tijeras cortó
las cuerdas del arpa.   100

Libros a la carta

A la carta es un servicio especializado para
empresas,
librerías,
bibliotecas,
editoriales
y centros de enseñanza;
y permite confeccionar libros que, por su formato y concepción, sirven a los propósitos más específicos de estas instituciones.

Las empresas nos encargan ediciones personalizadas para marketing editorial o para regalos institucionales. Y los interesados solicitan, a título personal, ediciones antiguas, o no disponibles en el mercado; y las acompañan con notas y comentarios críticos.

Las ediciones tienen como apoyo un libro de estilo con todo tipo de referencias sobre los criterios de tratamiento tipográfico aplicados a nuestros libros que puede ser consultado en Linkgua-ediciones.com.

Linkgua edita por encargo diferentes versiones de una misma obra con distintos tratamientos ortotipográficos (actualizaciones de carácter divulgativo de un clásico, o versiones estrictamente fieles a la edición original de referencia.).

Este servicio de ediciones a la carta le permitirá, si usted se dedica a la enseñanza, tener una forma de hacer pública su interpretación de un texto y, sobre una versión digitalizada «base», usted podrá introducir interpretaciones del texto fuente. Es un tópico que los profesores denuncien en clase los desmanes de una edición, o vayan comentando errores de interpretación de un texto y esta es una solución útil a esa necesidad del mundo académico.

Asimismo publicamos de manera sistemática, en un mismo catálogo, tesis doctorales y actas de congresos académicos, que son distribuidas a través de nuestra Web.

El servicio de «libros a la carta» funciona de dos formas.

1. Tenemos un fondo de libros digitalizados que usted puede personalizar en tiradas de al menos cinco ejemplares. Estas personalizaciones pueden ser de todo tipo: añadir notas de clase para uso de un grupo de estudiantes, introducir logos corporativos para uso con fines de marketing empresarial, etc. etc.

2. Buscamos libros descatalogados de otras editoriales y los reeditamos en tiradas cortas a petición de un cliente.